고백해

KB078786

고백해

ⓒ 지성용, 2023

초판 1쇄 발행 2023년 11월 25일

지은이   지성용
펴낸이   여럿이함께협동조합
편집   좋은땅 편집팀
펴낸곳   치유하는 도서출판 공감
전화   070-4142-9520
팩스   070-4142-9520
이메일   yeohamcoop@gmail.com
홈페이지   www.yeohamcoop.com

ISBN   979-11-951054-5-8 (03180)

- 가격은 뒤표지에 있습니다.
- 이 책은 저작권법에 의하여 보호를 받는 저작물이므로 무단 전재와 복제를 금합니다.
- 파본은 구입하신 서점에서 교환해 드립니다.

나를 흔들어 깨운 100가지 질문

고백해

마음, 분석과 치유

지성용 지음

'진정한 나'와 만나는 시간. 고해
苦海/告解, Go, 100!

치유하는
도서출판

들어가는 글:
마음치료 처방전

고백해(GO, 100해)는
해답의 실마리를 찾아 떠나는 100가지 질의응답 여정이다.

한국영성심리분석상담학회에서는 개인의 마음을 진단, 분석, 치료하는 과정을 체계적으로 조직하여 집중적 마음 수련 프로그램을 제공하고 있다. 고백해(GO, 100해)는, 이 가운데 4단계 '마음치료 처방전' 과정의 한 부분이다. 집중적 마음 수련의 다섯 단계를 요약하면 다음과 같다.

1단계 내 마음 로그인

: 기초 상담을 위한 정보공개 동의 / 프로그램 참여 확인 및 안내 / ID & Password
 생성

2단계 마음진단 프로젝트

: 마음의 불안, 분노, 우울 진단 / 진단 리포트 출력 제공 / 지수 의미 해설 / 각각의
 지수 간 상관관계 분석

3단계 마음분석 리포트

: Psychological Analysis(MBTI) / Spiritual Analysis(Enneagram) / Transactional
 Analysis(TA) 융합 키트 분석 보고서

4단계 마음치료 처방전

: GO, 100해 / 심리상담 / 마음 집중 훈련 / 마음공부

5단계 마음훈련, 회복 과정

: 피세정념(避世靜念, 일상에서 벗어나 한적하고 조용한 곳에 머무르기) 프로그램
 / 심리 분석 상담 프로그램 / (단기) 마음 집중 프로그램 / 든든한 자조집단 지원 /
 마음공부(융합심리분석상담 자격 과정)

'고백해' 핵심 개념

고백(Confession): 진정한 나와 만나는 시간

"무엇을 어떻게 고백할 것인가?"

우리는 자신의 내적인 문제를 상담자나 또 다른 타인에게 어떻게 개방할 것인지 고민한다. 어디서부터 시작해서 어디까지 꺼내 놓아야 할지, 과연 이런 이야기까지 해도 되는 것인지 때론 망설이고 때로는 포기한다.

좋은 질문은 다양한 해답의 실마리를 찾도록 이끈다. 상담자를 만나기 전, 또는 지나온 삶을 돌아보는 변곡의 지점에서 우리는 스스로에게 다양한 질문을 던질 수 있다. 이 질문들은 과거 어느 때인가 이미 지나온 시간들 속으로 나를 이끌고 그 순간의 나와, 나를 스쳐 간 인물들을 만나게 한다. 이 여정은 타인과 외부에 의해 덧씌워진 내가 아니라 '진정한 나'를 만나게 하는 길이 될 것이며 예상치 못한 성장의 열매를 맛보게 할 것이다. 치유는 바로 여기서 시작된다.

핵심을 향해 가는 질문 예시)

— 상담을 시작해야 한다고 생각하게 된 일이나 결정적인 사건이 있었나
— 그런 문제는 언제부터 시작되었고, 어떻게 알게 되었나
— 위와 같은 문제로 인해 일상에서 생겨나는 어려움은 어떤 것들인가
— 그동안 이 문제에 어떻게 대처해 왔나
— 이 문제가 어떻게 해결되기를 바라는가

내러티브(Narrative): 카타르시스, 정화(Purification)

"인간은 이야기하려는 본능이 있고 이야기를 통해 사회를 이해한다."

— 존 닐(John Niels), 《호모나랜스》

내러티브(Narrative)는 인문융합치료에서 중요한 치료적 도구로 활용된다. 내담자의 사고를 비판 없이 수용하는 관계 형성에서 내담자의 마음속에 떠오르는 것을 말하게 하는 내러티브의 과정은 매우 중요하다.

내러티브 치료는 마이클 킹슬리 화이트(Michael White)를 중요한 인물로 기억해야 한다. 1970년대 초반 화이트는 임상사회복지사로서 당시 병원에서 환자들의 우울증을 치료하는 과정에 내담자들이 딱딱하고 비인도적인 방식으로 진단받고 치료받는 것에 문제의식을 가졌다.

병원에서 반복되는 상담자와 내담자 사이의 불평등한 권력관계가 새롭게 눈에 들어왔다. 화이트는 1980년대 중반 이후 현실에서의 사회적 구성에 관심을 보였고 개인이 어떻게 의미 부여 시스템을 발전시키는지 연구했다. 또한, 우리 자신에 대한 생각이 부분적으로는 사회구조 안에서 만들어진다는 사실과 그 과정에 관심을 두었다. 그래서 내러티브 치료는 내담자들이 자신들의 내러티브를 점검하고 이해하도록 하고, 그들 깊숙이 침투해 있는 스토리를 스스로 해체하게 하며 새로운 내러티브를 만들도록 돕는다.

우리는 '고백해' 과정에 참여하는 동안 '내러티브'를 기억하고, 자신의 이야기를 스스로 풀어낼 능력이 있음을 명심해야 한다.

이야기 치료: 리프레이밍(Reframing)

내러티브(Narrative)는 이야기다. 우리는 일생동안 우리의 삶을 이야기하고 있으며 내러티브는 우리가 누구인지를 정의한다. 우리는 살아가면서 우리의 삶을 포용하는 수많은 이야기를 만들어 낸다.

전이단계에서 상담은 전이 감정을 표현하게 하고, 전이 욕구를 상담자에게 충족받으려고 시도한다. 특히 전이단계에서는 꿈 분석을 중요한 상담의 기법으로 활용하게 되는데 꿈에서는 내담자의 방어기제가 약하게 표현되고, 상담자는 꿈에서 본 것에 대한 내러티브를 통해 내담자의 심리적인 갈등을 포착한다.

통찰 단계에서는 구체적인 분석이 이루어지는데 이때 내담자는 욕구의 좌절로 생겨나는 적개심을 상담자에게 표현한다. 내담자의 전이와 저항이 거세지는 단계다. 과거에 중요하게 생각했던 사람에게 느꼈던 감정을 상담자에게 느끼게 되는 전이(Transference)와 상담을 방해하고 현재의 상태를 유지하려고 하는 의식적/무의식적 생각이나 태도, 감정, 행동을 저항(Resistance)으로 인식할 수 있다.

해석 단계에서 상담자는 내담자의 불명확한 부분에 대해서 해석하고 의식화하는 작업을 도와준다. 무의식을 의식화하며 현실을 수용한다는 것은 자기분석 능력을 가지게 된다는 것을 의미한다.

마지막으로 통합과 변화의 단계는 통찰한 것을 현실 속에서 유지하게 하는 노력의 단계이며, 통찰을 적용하기 위해 상담자의 적절한 강화가 필요하다. 이때 상담자가 활용할 수 있는 기법으로 '리프레이밍(Reframing)'이 있다. 이는 경험이나 사건을 바라보는 관점을 바꾸는 일로, 특정 관점에 따른 해석 때문에 괴로운 경우, 치료의 효과나 더 건강한 삶의 태도를 얻을 수 있는 한 방법이 된다.

이처럼 정신분석의 거의 모든 단계에서 내러티브는 중요한 도구로 활용된다. 융합 심리분석상담치료는 내담자의 내러티브에 주목하며 다양한 내러티브의 도구들을 활용한다. 저널링(Journaling)은 구술(Talking)이 아닌 쓰기(Writing)를 통해 나의 의식과 무의식을 조명하는 중요한 내러티브의 도구로 기능한다.

고백, 내러티브, 리프레이밍을 통한 다섯 단계

이제 고백과 내러티브, 이야기 치료를 통한 재해석은 다음과 같은 5개의 프로세스를 거치는 100가지 질문을 통해 자기분석과 치유의 길로 나아가게 할 것이다.

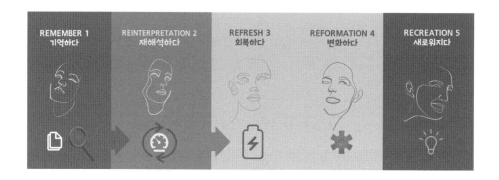

1. 기억하다

기억하기는 마음을 치료하는 시작이다. 과거의 후회와 원망, 불운했던 일들이나 해결되지 않은 감정들(무의식)은 의식으로 갑작스럽게 올라와 삶을 불안하고 우울하거나 때로는 분노하게 만든다. 내 마음 기억의 창고를 정돈하는 작업이 필요한 시간은 인생의 중반기에 우리를 찾아온다.

2. 재해석하다

기억된 일들은 바꿀 수 없는 과거의 사건이다. 결코 바꿀 수 없는 사건을 새롭게 해석함으로써 히스테리적 비참을 평범한 불운으로 바꾸는 치유의 과정이 필요하다.

그릇된 과거의 믿음에서 벗어나야 한다. 부모, 사회, 문화, 종교, 과거의 경험 등 우리의 기억 속에 저장된 명령들과 가치들을 벗어나 새롭게 해석해야 자유로워질 수 있다.

3. 회복하다

기존에 저장된 명령에서 벗어나면 좌절과 분노, 쓰라림과 우울 그리고 불안이 우리를 괴롭힌다. 주변의 사물들과 사람들을 마음대로 통제할 수 없고 미래가 불확실해질 때 기존의 틀은 심각한 위기를 느끼게 된다. '틀'의 억압에서 벗어나야 자유로워지고 회복될 수 있다.

4. 변화하다

변화의 과정은 치유의 과정이다. 과거의 고통을 대면하여 그것을 견디어 내는 극복의 과정을 통해 변화한다. 변화는 지금 여기, '오늘'의 새로운 의미와 가치를 발견하여 살아간다는 것을 의미한다. 우리를 멈추게 만드는 사건들과 기억들로부터 우리는 새로운 해석을 통해 회복하고 변화해야 한다.

5. 새로워지다

변할 수 없는 과거의 사슬로부터 생겨나는 내담자의 신체적, 정서적, 사회적, 영성적 불균형과 부조화에 주목하여 '나'의 변화에 집중한다. '나'는 이제 과거의 사건에 묶이지도 억압되지도 않고 재해석할 수 있는 힘을 가진다.

목차

성격, 기질, 좋아하는 것, 싫어하는 것,
화가 나거나 우울해지는 지점 등을 파악해 봅니다.

모든 질문에 반드시 답을 해야 하는 것은 아닙니다. 기억나지 않거나 망설여지는 부분은
잠시 남겨 두고 다음 질문으로 넘어가도 좋습니다.
그러나 이후 다른 이야기 끝에, 이전에 남겨 두었던 질문에 대한 답이 떠오르면 즉시
그 질문으로 돌아가 떠오른 것을 적어 봅니다.

하나.

당신은 어떤 사람인가요?

1. 당신의 별명은 무엇이었나요? 그 별명에는 어떠한 의미가 있었나요? 그 별명이 마음에 들었나요?

_____

_____

_____

_____

_____

_____

_____

2. 어린 시절에 당신은 주위 사람들에게 어떤 말을 자주 들었나요? 구체적으로 떠올려 보세요. 만약, 또래들로부터 자주 들었던 말과 어른들에게 들었던 말이 다르다면 어떻게 달랐나요?

_____

_____

_____

_____

_____

_____

_____

3. 당신과 다른 의견을 가진 사람들과 어떻게 대화하나요? 그들에게 어떤 태도를 보입니까? 대립하나요, 자주 타협하나요, 굴종합니까? 아니면, 견해가 달라 보이는 사람들을 은근슬쩍 피하는 편인가요?

---

4. 당신 삶의 목적은 무엇입니까? 당신은 당신 뜻을 따라 살아가고 있습니까?

5. 당신의 꿈이나 목표, 의지가 좌절되거나 포기한 적이 있습니까? 그때 당신의 마음은 어땠나요? 그 이후 당신은 어떤 태도를 보였나요?

_____

_____

_____

_____

_____

_____

_____

_____

6. 당신은 사람들과 어떠한 것을 즐기고, 어떠한 문화를 만들어 냅니까?

_____

_____

_____

_____

_____

_____

_____

_____

_____

_____

7. 스트레스를 받거나 마음이 피곤해질 때 당신은 어떤 방법으로 해소하나요?

_____

_____

_____

_____

_____

_____

_____

_____

8. 당신은 혹시 무언가에 중독되어 있다고 생각한 적이 있나요? (카페인, 알코올, 니코틴, 마약, 성, 쇼핑 등 다양한 종류의 중독이 있습니다.)

_____

_____

_____

_____

_____

_____

_____

_____

9. 당신은 자주 화가 납니까? 아니면, 쉽게 우울해지는 경향이 있나요? 분노와 우울 중에 어떤 감정에 더 익숙합니까? 둘 다 아니라면, 당신에게 가장 익숙한 감정은 무엇인가요?

10. 가장 좋아하는 노래나 즐겨 부르는 애창곡이 있나요? 있다면 기억나는 가사를 적어 보세요. 당신은 왜 그 노래를 좋아하나요?

★ 잠시 머무름

첫 번째 여정, 〈나는 어떤 사람인가〉를 묻고 답하면서 내면에 일어난 역동들을 천천히 생각해 봅니다.

고민할 필요 없이 쉽게 대답할 수 있었던 질문은 무엇이었습니까? 잘 떠오르지 않아서 오랜 시간을 생각해야 했던 질문은 무엇입니까?

첫 번째 여정에서 내면에 떠오른 통찰들을 생각해 보고, 두 번째 여정을 위한 마음의 준비를 합니다.

대답하고 싶지 않은, 떠올리고 싶지 않은 내면의 두려움과 저항이 있을 수 있음을 기억하고 그래도 괜찮다고 스스로를 다독여 봅니다.

다음 여정들을 통해, 두려움과 저항을 이겨 낼 힘을 얻을 수 있을 것입니다.

내 안의 고요한 공간으로 침잠해 들어갑니다. 들숨, 날숨, 숨을 깊이 들이쉬고 내쉬면서 몸과 마음을 편안하게 이완합니다. 준비가 되면 다음 여정으로 들어갑니다.

누구에게나 어린 시절에
스스로 만들어 놓은 인생 각본이 있습니다.
나는 내 지나온 삶을 어떻게 기억하고,
어떤 모양으로 이끌어 왔는지 파악해 보는 것이
변화의 시작일 수 있습니다.

모든 질문에 반드시 답을 해야 하는 것은 아닙니다. 기억나지 않거나 망설여지는 부분
은 잠시 남겨 두고 다음 질문으로 넘어가도 좋습니다.
그러나 이후 다른 이야기 끝에, 이전에 남겨 두었던 질문에 대한 답이 떠오르면 즉시
그 질문으로 돌아가 떠오른 것을 적어 봅니다.

둘.

당신의 인생을 연극으로 삼는다면
어떤 종류일까요?

** 만약 부모님에 대한 기억이 없는 경우에는, 어린 시절 나를 키워 준 '주 양육자'를 떠올리며 작성합니다.

1. 당신이 기억하는 가장 어렸을 때의 장면은 무엇입니까? 내가 기억하는 인생 최초의 장면을 떠올려 봅니다.

_____

_____

_____

_____

_____

2. 당신의 이름은 누가 지어 주었나요? 당신 이름에 얽힌 사연이나 의미에 대해 생각해 보세요.

_____

_____

_____

_____

_____

_____

_____

_____

3. 어린 시절, 당신의 부모에 대해 만족했나요? 만족스러웠다면 어떤 부분이 좋았는지, 그렇지 않다면 왜 불만족스러웠는지 떠올려 봅니다.

\

\

\

\

\

\

\

\

\

4. 어린 시절 부모에 대해 가지던 감정은 주로 어떤 것이었나요?
(두려움, 불안, 편안함, 행복, 동경, 공포 등)

\

\

\

\

\

\

\

\

\

\

5. 부모는 내가 원하는 것들을 많이 채워 주셨나요? 거부당하거나 채우지 못한 욕구에 대한 기억이 있나요?

_____

_____

_____

_____

_____

_____

_____

6. 어린 시절, '저런 일은 두 번 다시 하지 말아야지!'와 같이 어떤 것을 하지 말아야겠다고 결심했던 경험이 있나요?

_____

_____

_____

_____

_____

_____

_____

_____

7. 어린 시절 가족의 분위기는 어땠나요? 서로에 대한 관심과 사랑이 많은 화목한 가정이었나요, 무관심과 방임을 경험했나요, 갈등과 폭력이 일어나기도 했나요? 내가 자라 온 환경을 떠올려 보세요.

_____

_____

_____

_____

_____

_____

8. 차별을 경험한 적이 있나요? 또, 내가 특별히 편안하게 생각하는 사람의 유형과 불편하게 생각하는 사람의 특징을 생각해 보세요.

_____

_____

_____

_____

_____

_____

_____

_____

9. 어렸을 때 들었던 동화나 기억나는 이야기가 있나요?

_____

_____

_____

_____

_____

_____

_____

_____

10. 지나온 내 인생 이야기를 연극으로 만든다면 어떤 종류의 이야기가 펼쳐질까
요? 이 연극에 어떤 제목을 붙이겠습니까?

_____

_____

_____

_____

_____

_____

_____

_____

★ 잠시 머무름

두 번째 여정, 〈당신의 인생을 연극으로 삼는다면 어떤 종류일까요?〉를 묻고 답하면서 내면에 일어난 역동들을 천천히 생각해 봅니다.

고민할 필요 없이 쉽게 대답할 수 있었던 질문은 무엇이었습니까? 잘 떠오르지 않아서 오랜 시간을 생각해야 했던 질문은 무엇입니까?

두 번째 여정에서 내면에 떠오른 통찰들을 생각해 보고, 세 번째 여정을 위한 마음의 준비를 합니다.

현실에 대한 낡은 견해에 고집스럽게 집착하는 상태가 심각한 정신질환의 원인이 될 수 있습니다. 내가 고집스럽게 따라가는 낡은 지도가 있지는 않은지, 내가 버려야 할 것이 무엇인지 들여다보려는 마음에서부터 치유가 시작될 수 있음을 기억합니다.

내 안의 고요한 공간으로 침잠해 들어갑니다. 들숨, 날숨, 숨을 깊이 들이쉬고 내쉬면서 몸과 마음을 편안하게 이완합니다. 준비가 되면 다음 여정으로 들어갑니다.

누군가의 도움 없이는 아무것도 할 수 없었던 어린 시절에는
나를 보살피는 사람으로부터 많은 영향을 받습니다.
나에게 영향을 주었던 사람, 사건, 감정 등을 되짚어 봅니다.

모든 질문에 반드시 답을 해야 하는 것은 아닙니다. 기억나지 않거나 망설여지는 부분
은 잠시 남겨 두고 다음 질문으로 넘어가도 좋습니다.
그러나 이후 다른 이야기 끝에, 이전에 남겨 두었던 질문에 대한 답이 떠오르면 즉시
그 질문으로 돌아가 떠오른 것을 적어 봅니다.

셋.

당신은 누구에게
어떤 영향을 받았을까요?

** 만약 부모님에 대한 기억이 없는 경우에는, 어린시절 나를 키워 준 '주 양육자'를 떠올리며 작성합니다.

1. 당신의 어머니는 어떤 분이셨나요? 떠오르는 대로 적어 봅니다.
(일찍 돌아가셨거나 특별한 사정으로 어머니를 기억하지 못하는 경우에는 주변으로 부터 들었던 이야기를 통해 내면에 만들어진 어머니에 대한 이미지를 적어 봅니다.)

_____

_____

_____

_____

_____

_____

_____

2. 당신의 아버지는 어떤 분이셨나요? 떠오르는 대로 적어 봅니다.
(일찍 돌아가셨거나 특별한 사정으로 아버지를 기억하지 못하는 경우에는 주변으로 부터 들었던 이야기를 통해 내면에 만들어진 아버지에 대한 이미지를 적어 봅니다.)

_____

_____

_____

_____

_____

_____

_____

3. 당신의 부모님은 칭찬을 잘하는 분이셨나요, 아니면 잘못을 지적하거나 혼내는 일이 더 많았나요?

4. 부모님으로부터 받았던 칭찬 가운데 가장 기억에 남는 말이나 상황은 무엇인가요?

5. 부모님으로부터 받았던 꾸지람 가운데 가장 기억에 남는 말이나 상황은 무엇인 가요?

6. 당신의 부모님은 당신에게 "~해야 한다" 또는 "~하면 안 된다"는 식의 이야기를 한 적이 있나요? 이와 같은 말 중에 가장 기억에 남는 것은 무엇인가요?

7. 지금의 당신은 아버지와 어머니 가운데 어느 쪽 삶의 방식을 따라 살고 있나요?

---

8. 닮고 싶지 않았던 부모님의 모습 가운데, 나도 모르게 닮아 가는 모습이 있나요?

---

9. 만약 나에게 자녀가 있다면, 나의 어떤 모습을 닮으면 좋을까요?

(실제 자녀가 없더라도, 있다고 가정한 후 생각해 보세요.)

_____

_____

_____

_____

_____

_____

_____

_____

10. 만약 나에게 자녀가 있다면, 나의 어떤 모습만은 결코 닮지 않기를 바라나요?

(실제 자녀가 없더라도, 있다고 가정한 후 생각해 보세요.)

_____

_____

_____

_____

_____

_____

_____

_____

★ 잠시 머무름

세 번째 여정, 〈당신은 누구에게 어떤 영향을 받았을까요?〉를 묻고 답하면서 내면에 일어난 역동들을 천천히 생각해 봅니다.

고민할 필요 없이 쉽게 대답할 수 있었던 질문은 무엇이었습니까? 잘 떠오르지 않아서 오랜 시간을 생각해야 했던 질문은 무엇입니까?

세 번째 여정에서 내면에 떠오른 통찰들을 생각해 보고, 네 번째 여정을 위한 마음의 준비를 합니다.

우리들 대부분은, 버릴 필요가 있는 부적합한 것을 포기하는 데서 오는 고통을 감당할 마음의 준비가 되어 있지 않습니다. 때문에, 영원히 옛날 방식 그대로의 생각과 행동에 매달리는 경우가 많습니다. 그러나 이 고통을 기꺼이 감내하고 더디더라도 조금씩 앞으로 나아갈 때, 다시 태어나는 기쁨을 경험할 수 있습니다.

내 안의 고요한 공간으로 침잠해 들어갑니다. 들숨, 날숨, 숨을 깊이 들이쉬고 내쉬면서 몸과 마음을 편안하게 이완합니다. 준비가 되면 다음 여정으로 들어갑니다.

유아기를 지나, 자신의 정체성을 확립하고
또래집단을 형성하는 아동·청소년기의 나를 떠올려 봅니다.

모든 질문에 반드시 답을 해야 하는 것은 아닙니다. 기억나지 않거나 망설여지는 부분
은 잠시 남겨 두고 다음 질문으로 넘어가도 좋습니다.

그러나 이후 다른 이야기 끝에, 이전에 남겨 두었던 질문에 대한 답이 떠오르면 즉시
그 질문으로 돌아가 떠오른 것을 적어 봅니다.

넷.

당신의 아동기와
청소년기는 어땠나요?

** 만약 부모님에 대한 기억이 없는 경우에는, 어린 시절 나를 키워준 '주 양육자'를 떠올리며 작성합니다.

1. 어린 시절, 내가 좋아하던 놀이는 무엇이었나요?

_____

_____

_____

_____

_____

_____

2. 내가 어린 시절 좋아했던 인물은 누구였나요? 가족 중에 있을 수도 있고, 그 외 주변 인물일 수도 있고, TV나 책에서 보았던 인물일 수도 있습니다. 떠오르는 대로 적어 보고 왜 좋아했는지 그 이유도 생각해 봅니다.

_____

_____

_____

_____

_____

_____

_____

_____

3. 어린 내가 보기에 나쁜 사람은 누구였나요? 기억나는 나쁜 인물과 그 특징을 적어 보세요.

_____

_____

_____

_____

_____

_____

_____

4. 가족에게 어려운 일이 생긴 경험이 있나요? 이때 부모님은 어떻게 반응하고 행동하셨나요?

_____

_____

_____

_____

_____

_____

_____

_____

5. 초등학교 때 인간관계는 어땠나요? 기억나는 친구들이나 사건들을 떠올려 보세요.

_____

_____

_____

_____

_____

_____

_____

_____

6. 내가 기억하는 최초의 선생님은 누구인가요? 학교 선생님일 수도 있고, 교회에서 만난 사람일 수도 있고, 그 외 주변 인물일 수도 있습니다. '이분은 선생님이구나' 하고 생각하게 했던 첫 인물이 누구였는지 떠올려 봅니다.

_____

_____

_____

_____

_____

_____

_____

7. 어린 시절 나를 괴롭히던 감정은 어떤 것이었나요? (불안, 열등감, 질투, 수치심, 죄의식 등) 그 감정은 어떤 상황에서 일어났나요?

_____

_____

_____

_____

_____

_____

_____

_____

8. 아동·청소년기에 가장 행복했던 일로 기억되는 장면은 무엇입니까? 그때의 감정을 떠올려 보세요.

_____

_____

_____

_____

_____

_____

_____

_____

9. 부모님께는 인생 좌우명이 있었나요? 부모님이 들려준 인생 교훈이나 자주 쓰던 말들을 떠올려 보세요.

_____

_____

_____

_____

_____

_____

_____

_____

10. 부모님이나 선생님께 반항했던 일이 있나요? 언제 어떤 상황이었는지 떠올려 봅니다.

_____

_____

_____

_____

_____

_____

_____

_____

★ 잠시 머무름

네 번째 여정, 〈당신의 아동기와 청소년기는 어땠나요?〉를 묻고 답하면서 내면에 일어난 역동들을 천천히 생각해 봅니다.

고민할 필요 없이 쉽게 대답할 수 있었던 질문은 무엇이었습니까? 잘 떠오르지 않아서 오랜 시간을 생각해야 했던 질문은 무엇입니까?

네 번째 여정에서 내면에 떠오른 통찰들을 생각해 보고, 다섯 번째 여정을 위한 마음의 준비를 합니다.

사랑은 의지이며, 행동입니다. 특별히 '나'뿐만 아니라, '나와 함께하는 다른 사람'의 성장을 위해서 시도하는 의지적 노력과 용기는, 내 안의 두려움을 이겨 내고 미래로 나아가는 힘을 심어 줍니다.

용기를 내어 내 안의 두려움과, 마주하고 싶지 않은 것들을 마주해 봅니다. 내 안에 있는 사랑의 힘이 나를 이끌어 줄 것입니다.

내 안의 고요한 공간으로 침잠해 들어갑니다. 들숨, 날숨, 숨을 깊이 들이쉬고 내쉬면서 몸과 마음을 편안하게 이완합니다. 준비가 되면 다음 여정으로 들어갑니다.

사회적 집단 안에서 정체성을 찾아가는 10대 시절,
나는 주로 어떤 생각과 활동을 했는지 생각해 봅니다.

모든 질문에 반드시 답을 해야 하는 것은 아닙니다. 기억나지 않거나 망설여지는 부분
은 잠시 남겨 두고 다음 질문으로 넘어가도 좋습니다.
그러나 이후 다른 이야기 끝에, 이전에 남겨 두었던 질문에 대한 답이 떠오르면 즉시
그 질문으로 돌아가 떠오른 것을 적어 봅니다.

다섯.

당신의 중고등학교 시절은
어땠나요?

✽✽ 만약 중고등학교에 다니지 않은 경우에는, 나의 10대 시절을 떠올리며 작성합니다.

1. 중고등학생 시절 나에게 어떤 목표가 있었나요? 내가 꼭 이루고 싶었던 일은 무엇이었는지 떠올려 봅니다. 만약, 없다면 내 인생에서 '목표'라는 것이 처음 생겼던 때가 언제인지 떠올려 봅니다.

_____

_____

_____

_____

_____

_____

2. 존경하는 인물이나 배우고 싶은 사람, 닮고 싶은 사람이 있었나요? 누구이고, 왜 입니까?

_____

_____

_____

_____

_____

_____

_____

_____

3. 중고등학교 시절의 이성(또는 동성) 교제에 대해 기억나는 일들이 있나요?

_____

_____

_____

_____

_____

_____

_____

_____

_____

4. 진학이나 입시를 준비하면서 어떤 희망을 가지고 있었나요? 그 희망은 이루어졌나요?

_____

_____

_____

_____

_____

_____

_____

_____

_____

5. 어떻게 해야 행복하고 의미 있는 인생을 보낼 수 있을 것이라고 생각했었나요?

_____

_____

_____

_____

_____

_____

_____

_____

_____

6. 학교나 동아리, 교외 단체활동에서의 체험은 나의 인생에 어떠한 영향을 주었나요?

_____

_____

_____

_____

_____

_____

_____

_____

_____

_____

7. 기억나는 스승이 있나요? 긍정적이든 부정적이든 선생님이 주었던 영향은 어떠했나요?

_____

_____

_____

_____

_____

_____

_____

8. 당시 삶은 내가 원하는 방향으로 나아가고 있었다고 생각하나요?

_____

_____

_____

_____

_____

_____

_____

_____

_____

9. 지금 다시 그 시절로 돌아간다면 꼭 했어야 했던 일이나, 하지 말았어야 했던 일이 있나요?

10. 그때의 나에게 지금 꼭 해 주고 싶은 말이 있다면 적어 보세요.

★ 잠시 머무름

다섯 번째 여정, 〈당신의 중고등학교 시절은 어땠나요?〉를 묻고 답하면서 내면에 일어난 역동들을 천천히 생각해 봅니다.

고민할 필요 없이 쉽게 대답할 수 있었던 질문은 무엇이었습니까? 잘 떠오르지 않아서 오랜 시간을 생각해야 했던 질문은 무엇입니까?

다섯 번째 여정에서 내면에 떠오른 통찰들을 생각해 보고, 여섯 번째 여정을 위한 마음의 준비를 합니다.

'잘 생각한다'는 것은 여러 가지 차원에서 대상을 바라본다는 의미입니다. 내가 경험한 일, 과거의 기억들을 다양한 시각으로 바라보고, 어른으로 성장한 지금의 내가 그것을 새롭게 해석해 보려고 시도할 때 잘 생각하는 힘이 길러집니다.

내 안의 고요한 공간으로 침잠해 들어갑니다. 들숨, 날숨, 숨을 깊이 들이쉬고 내쉬면서 몸과 마음을 편안하게 이완합니다. 준비가 되면 다음 여정으로 들어갑니다.

삶의 에너지가 가장 충만한 청년 시절,
나는 인생을 어떻게 느끼고 경험하며
앞으로의 삶을 위해 무엇을 채웠는지 생각해 봅니다.

모든 질문에 반드시 답을 해야 하는 것은 아닙니다. 기억나지 않거나 망설여지는 부분
은 잠시 남겨 두고 다음 질문으로 넘어가도 좋습니다.
그러나 이후 다른 이야기 끝에, 이전에 남겨 두었던 질문에 대한 답이 떠오르면 즉시
그 질문으로 돌아가 떠오른 것을 적어 봅니다.

여섯.

당신은 어떤 청년이었나요?

1. 내가 사랑했던 사람, 이별했던 사람, 만나고 헤어진 사람들을 떠올려 보세요. 누가 생각나나요?

_____

_____

_____

_____

_____

_____

_____

_____

2. 몸이 아팠거나 마음이 불편했던 기억이 있나요? 그때를 떠올려 보세요.

_____

_____

_____

_____

_____

_____

_____

_____

_____

_____

3. 당신은 성(性)에 대해 어떤 생각을 가지고 있습니까? 건강한 성생활을 즐겼나요, 아니면 열등감을 가지거나 안 좋은 기억이 있습니까?

4. 평소에 자주 하는 생각은 무엇입니까? 머릿속을 맴돌고 있는 생각이나 해결되지 않은 의문이 있나요?

5. 당신은 성공하는 삶을 원했나요, 아니면 행복한 삶을 원했나요? 당신에게 성공과 행복은 무엇을 의미하나요?

_____

_____

_____

_____

_____

_____

_____

_____

6. 내가 가졌던 직업에 대해서는 만족하나요? 구체적으로 생각해 봅니다.

_____

_____

_____

_____

_____

_____

_____

_____

7. 나의 직장이나 일터에서 만난 사람들과는 주로 어떻게 지냈나요?

_____

_____

_____

_____

_____

_____

_____

_____

_____

8. 가족들과는 편안하게 소통하고 교감했나요? '가족'은 나에게 어떤 존재입니까?

_____

_____

_____

_____

_____

_____

_____

_____

_____

_____

9. 지속적으로 꾸준히 유지한 종교 활동이 있나요? 그렇다면 종교는 나에게 무엇을 주었나요? (종교가 없다면, 지속적으로 꾸준히 하고 있는 의미 있는 활동이 있나요?)

_____

_____

_____

_____

_____

_____

_____

10. 청년기까지 당신의 인생에 대해 당신은 만족했나요? 불만이 있었다면 가장 큰 문제는 무엇인가요?

_____

_____

_____

_____

_____

_____

_____

★ 잠시 머무름

여섯 번째 여정, 〈당신은 어떤 청년이었나요?〉를 묻고 답하면서 내면에 일어난 역동들을 천천히 생각해 봅니다.

고민할 필요 없이 쉽게 대답할 수 있었던 질문은 무엇이었습니까? 잘 떠오르지 않아서 오랜 시간을 생각해야 했던 질문은 무엇입니까?

여섯 번째 여정에서 내면에 떠오른 통찰들을 생각해 보고, 일곱 번째 여정을 위한 마음의 준비를 합니다.

심리학자 칼 융은 인간악의 근원에 '그림자를 마주하지 않으려고 하는 거부감'이 있다고 말했습니다. 융의 '그림자' 개념은 우리가 인정하고 싶지 않은 것, 자기 자신과 타인에게 지속적으로 은폐하고, 의식의 깊숙한 곳에 숨기고 싶은 것들을 포함하는 우리 마음의 한 부분입니다.

남들에게 내보이고 싶은 부분뿐만 아니라 그렇지 않은 부분, 꺼내고 싶지 않은 이야기 속에서 생각지도 못한 깨달음을 얻을 수 있습니다.

내 안의 고요한 공간으로 침잠해 들어갑니다. 들숨, 날숨, 숨을 깊이 들이쉬고 내쉬면서 몸과 마음을 편안하게 이완합니다. 준비가 되면 다음 여정으로 들어갑니다.

누군가는 삶을 고해(苦海)라고 합니다.
문제와 고통의 연속이기 때문입니다.
과연 나는, 쉽지 않은 이 삶을
어떻게 받아들이며 살아왔는지 되짚어 봅니다.

모든 질문에 반드시 답을 해야 하는 것은 아닙니다. 기억나지 않거나 망설여지는 부분
은 잠시 남겨 두고 다음 질문으로 넘어가도 좋습니다.
그러나 이후 다른 이야기 끝에, 이전에 남겨 두었던 질문에 대한 답이 떠오르면 즉시
그 질문으로 돌아가 떠오른 것을 적어 봅니다.

일곱.

당신에게 인생이란 무엇인가요?

1. 당신은 인생에 대해 나름의 신념이나 확신이 있습니까?

(예: 인생은 어차피 한 편의 연극이다.)

_____

_____

_____

_____

_____

_____

2. 어린 시절, 어떤 꿈을 가지고 살았습니까? 기억에 남는 바람이나 소망이 있습니까?

_____

_____

_____

_____

_____

_____

_____

_____

_____

3. 어린 시절에 가장 좋아하던 동화나 이야기는 어떤 것이었습니까? 왜 그런 이야기를 좋아했나요?

_____

_____

_____

_____

_____

_____

_____

4. 당신의 인생은 지금 만족스럽습니까? 100점 만점으로 점수를 준다면 몇 점을 줄 수 있을까요? 그 이유를 천천히 생각해 보세요.

_____

_____

_____

_____

_____

_____

_____

5. 당신은 언제 즈음 죽을 것 같습니까? 몇 살까지 살 것 같다고 생각합니까?

6. 당신에게 가장 소중한 친구가 있다면? 그와 나는 어떻게 좋은 친구가 되었나요?

7. 당신의 삶에서 기억나는 소중한 만남은 어떤 것이었습니까? 누구와의 어떤 장면이 떠오르나요?

_____

_____

_____

_____

_____

_____

_____

8. 당신의 인생에서 만나지 않았다면 좋았을 사람도 있습니다. 누구일까요? 왜 그렇게 생각합니까?

_____

_____

_____

_____

_____

_____

_____

_____

9. 당신이 인생에서 가장 잘 선택하고 행동했던 것은 무엇입니까?

_____

_____

_____

_____

_____

_____

_____

_____

10. 당신의 인생에서 가장 후회스러운 선택이나 행동은 무엇이었습니까?

_____

_____

_____

_____

_____

_____

_____

_____

_____

★ 잠시 머무름

일곱 번째 여정, 〈당신에게 인생이란 무엇인가요?〉를 묻고 답하면서 내면에 일어난 역동들을 천천히 생각해 봅니다.

고민할 필요 없이 쉽게 대답할 수 있었던 질문은 무엇이었습니까? 잘 떠오르지 않아서 오랜 시간을 생각해야 했던 질문은 무엇입니까?

일곱 번째 여정에서 내면에 떠오른 통찰들을 생각해 보고, 여덟 번째 여정을 위한 마음의 준비를 합니다.

내가 느끼는 감정은 옳습니다. 우리는 누군가를 미워하고, 도저히 용서할 수 없으며 때로는 다 때려 부수고 싶을 만큼 분노를 느끼기도 합니다. 그것은 잘못된 것이 아닙니다. 잘못은 행동에 있는 것이지 당신의 감정에 있는 것이 아닙니다.

그동안 보듬지 않았던 내 과거와 감정을 천천히 들여다보고 스스로를 이해해 봅니다. 충분히 그럴 만했다고, 그런 감정이 들어도 괜찮다고 다독여 주어 자유롭게 성장의 길로 나아갈 수 있도록 문을 열어 줍니다.

내 안의 고요한 공간으로 침잠해 들어갑니다. 들숨, 날숨, 숨을 깊이 들이쉬고 내쉬면서 몸과 마음을 편안하게 이완합니다. 준비가 되면 다음 여정으로 들어갑니다.

삶과 죽음은 동전의 양면과도 같습니다.
멀리 떨어져 있는 것 같고
결코 서로 만날 수 없는 것 같지만,
죽음을 정면으로 응시한 사람만이
진정한 삶을 살아갈 수 있습니다.
삶과 죽음을 함께 생각할 수 있어야
비로소 부활을 이해할 수 있습니다.

모든 질문에 반드시 답을 해야 하는 것은 아닙니다. 기억나지 않거나 망설여지는 부분
은 잠시 남겨 두고 다음 질문으로 넘어가도 좋습니다.
그러나 이후 다른 이야기 끝에, 이전에 남겨 두었던 질문에 대한 답이 떠오르면 즉시
그 질문으로 돌아가 떠오른 것을 적어 봅니다.

여덟.

당신에게 죽음이란 무엇인가요?

1. 당신이 생각하는 '죽음'이란 무엇입니까?

_____

_____

_____

_____

_____

_____

_____

_____

2. 당신은 죽음에 대한 두려움이나 불안을 경험했던 적이 있나요?

_____

_____

_____

_____

_____

_____

_____

_____

_____

3. 당신이 경험한 최초의 죽음은 무엇인가요? 그때의 감정을 떠올려 보세요.

_____

_____

_____

_____

_____

_____

_____

_____

_____

4. 당신이 죽음을 맞이하게 될 때 누가 옆에 남아 있을 것이라고 생각하나요?

_____

_____

_____

_____

_____

_____

_____

_____

_____

5. 만약 당신이 어떤 종교를 가지고 있다면 '죽음'은 어떻게 이해되고 해석됩니까?

(종교가 없다면, 당신이 생각하기에 죽음에 대한 종교적 의미는 무엇일까요?)

6. 당신의 장례식에 참석할 사람은 누구누구입니까? 그 이름을 천천히 적어 보세요.

7. 사람들은 마지막에 당신을 어떤 사람이라고 기억할까요?

_____

_____

_____

_____

_____

_____

_____

8. 죽음을 앞에 두고, 열흘 정도의 시간이 주어진다면 그 시간 동안 당신은 무엇을 하고 싶은가요?

_____

_____

_____

_____

_____

_____

_____

9. 당신은 당신의 묘비에 무엇이라고 적고 싶습니까?

_____

_____

_____

_____

_____

_____

_____

_____

10. 죽기 전에 꼭 용서를 청하거나 대화를 하고 싶은 사람이 있습니까? 누구와 어떤 대화인지 생각해 봅니다.

(혹은 꼭 용서해 주고 싶은 사람이 있다면 떠올려 보세요.)

_____

_____

_____

_____

_____

_____

_____

_____

★ 잠시 머무름

여덟 번째 여정, 〈당신에게 죽음이란 무엇인가요?〉를 묻고 답하면서 내면에 일어 난 역동들을 천천히 생각해 봅니다.

고민할 필요 없이 쉽게 대답할 수 있었던 질문은 무엇이었습니까? 잘 떠오르지 않 아서 오랜 시간을 생각해야 했던 질문은 무엇입니까?

여덟 번째 여정에서 내면에 떠오른 통찰들을 생각해 보고, 아홉 번째 여정을 위한 마음의 준비를 합니다.

우리는 때로 막연한 불안감에 사로잡혀 답답함을 느낍니다. 누가 억지로 가둔 것 도 아닌데 자신 안에 갇혀 나올 수 없으며 끝없는 불안에 시달립니다. 이 불안의 원 인은 흔히 잘못된 기대에 있습니다. 실수하고 싶지 않은 마음에, 완벽하기를 원하 는 마음에 삶이 더 어렵고 복잡하게 느껴집니다.

나를 사로잡고 있는 내면의 규율과 억압이 무엇인지 바로 볼 수 있어야 합니다. 그 것이 더 이상 나를 묶어 둘 수 없어야 내가 진정으로 자유로울 수 있습니다. 이전의 나를 버려야 지금 내가 새로 태어날 수 있습니다.

내 안의 고요한 공간으로 침잠해 들어갑니다. 들숨, 날숨, 숨을 깊이 들이쉬고 내쉬 면서 몸과 마음을 편안하게 이완합니다. 준비가 되면 다음 여정으로 들어갑니다.

문제를 직면하고 해결하는 과정이 아무리 고통스럽더라도
그 과정 없이 변화를 이루기는 힘듭니다.
문제를 바로 보고 스스로 해석하여 결심한 것을
실행에 옮겼을 때에야 비로소 변화는 시작됩니다.

모든 질문에 반드시 답을 해야 하는 것은 아닙니다. 기억나지 않거나 망설여지는 부분
은 잠시 남겨 두고 다음 질문으로 넘어가도 좋습니다.
그러나 이후 다른 이야기 끝에, 이전에 남겨 두었던 질문에 대한 답이 떠오르면 즉시
그 질문으로 돌아가 떠오른 것을 적어 봅니다.

아홉.

당신에게 '문제'와 '변화'는 무엇을 의미하나요?

1. 인생에서 당신이 가장 가지고 싶었던 것은 무엇이었으며, 당신은 그것을 가지게 되었나요? 물질적인 것이든 비물질적인 것이든 상관없습니다.

_____

_____

_____

_____

_____

_____

_____

_____

2. 지금 당신에게 가장 큰 문제는 무엇이라고 생각하나요?

_____

_____

_____

_____

_____

_____

_____

_____

_____

3. 당신은 자신의 어떤 부분을 바꾸려고 생각했습니까?

_____

_____

_____

_____

_____

_____

_____

_____

4. 당신의 변화와 혁신을 위해, 어떤 노력과 어떤 행동을 실행했나요?

_____

_____

_____

_____

_____

_____

_____

_____

_____

_____

5. 당신의 변화에 가장 기뻐할 사람은 누구인가요? 왜 그렇게 생각하나요?

6. 당신이 가장 잘 알고, 잘 행하며, 자신 있어 하는 것은 무엇인가요?

7. 당신이 가장 어려워하고, 자신 없어 하는 것은 무엇이며 왜 그렇게 되었나요?

_____

_____

_____

_____

_____

_____

_____

_____

8. 당신이 변화하기 위해 가장 중요한 것은 무엇일까요?

_____

_____

_____

_____

_____

_____

_____

_____

_____

9. 당신은 어떤 희망을 품고 살아가나요? 당신의 희망을 실현하기 위해 지금 당장, 바로 여기에서 할 수 있는 것은 무엇인가요?

_____

_____

_____

_____

_____

_____

_____

10. 지금 당신은 행복한가요? 당신에게 행복은 무엇인가요? 만약 불행하다면, 행복을 위해 무엇부터 시작해야 할까요?

_____

_____

_____

_____

_____

_____

_____

_____

★ 잠시 머무름

아홉 번째 여정, 〈당신에게 '문제'와 '변화'는 무엇을 의미하나요?〉를 묻고 답하면서 내면에 일어난 역동들을 천천히 생각해 봅니다.

고민할 필요 없이 쉽게 대답할 수 있었던 질문은 무엇이었습니까? 잘 떠오르지 않아서 오랜 시간을 생각해야 했던 질문은 무엇입니까?

아홉 번째 여정에서 내면에 떠오른 통찰들을 생각해 보고, 마지막 여정을 위한 마음의 준비를 합니다.

문제없는 사람은 없습니다. 다만, 문제를 어떻게 인식하고 대면하는지에 따라 이후 삶이 달라질 뿐입니다. 과연 나는 진정으로 변화를 원하는 것일까요?

내 안의 고요한 공간으로 침잠해 들어갑니다. 들숨, 날숨, 숨을 깊이 들이쉬고 내쉬면서 몸과 마음을 편안하게 이완합니다. 준비가 되면 다음 여정으로 들어갑니다.

당신은 둘도 없이 소중하고 특별한 존재입니다.
당신과 같은 사람은 세상에 단 한 명도 없습니다.
이렇듯 특별한 '나'를 내가 먼저 이해하고 인정해 주어야
타인도 나를 바로 볼 수 있습니다.
내 안에 숨겨진 보물을 발견하면
세상 무엇도 두려울 것이 없습니다.
내 안에는 아직도 드러나지 않은 보물이 많습니다.

모든 질문에 반드시 답을 해야 하는 것은 아닙니다. 기억나지 않거나 망설여지는 부분
은 잠시 남겨 두고 다음 질문으로 넘어가도 좋습니다.
그러나 이후 다른 이야기 끝에, 이전에 남겨 두었던 질문에 대한 답이 떠오르면 즉시
그 질문으로 돌아가 떠오른 것을 적어 봅니다.

열.

당신은 특별한 사람입니다

1. 당신에게 특별한 능력과 힘이 생겼다면, 지금 여기서 가장 먼저 해야 할 것은 무엇인가요?

_____

_____

_____

_____

_____

_____

_____

2. 특별한 능력과 힘을 이용해 '과거'로 돌아갈 수 있다면 어디로 돌아가서 무엇을 할 것인가요?

_____

_____

_____

_____

_____

_____

_____

_____

3. 특별한 능력과 힘을 이용해 '미래'로 갈 수 있다면 어디로 가서 무엇을 하고 싶은가요?

_____

_____

_____

_____

_____

_____

_____

4. 특별한 능력과 힘으로 자신의 외모를 바꿀 수 있다면 어디를 어떻게 바꾸고 싶은가요?

_____

_____

_____

_____

_____

_____

_____

_____

5. 당신에게 생겨난 특별한 힘으로 내 성격의 어떤 부분을 변화시키고 싶나요?

_____

_____

_____

_____

_____

_____

_____

_____

6. 만약 지금 당신의 삶에 변화가 생겨난다면, 당신은 이후의 삶을 어떻게 살아가
겠습니까?

_____

_____

_____

_____

_____

_____

_____

_____

7. 당신은 지금 인생의 마지막 파티를 준비하려고 합니다. 누구를 이 자리에 초대하고 싶나요?

_____

_____

_____

_____

_____

_____

_____

8. 당신이 지금 어마어마한 재산을 가지고 있다면, 하고 싶은 일은 무엇인가요?

_____

_____

_____

_____

_____

_____

_____

_____

_____

9. 인생에서 신비한 경험을 한 적이 있나요? 어떤 일이었는지 구체적으로 떠올려 보고 그때의 감정이 어땠는지 생각해 봅니다.

_____

_____

_____

_____

_____

_____

_____

10. 삶의 마지막 순간입니다. 마지막으로 남기고 싶은 말이 있다면 무엇일까요?

_____

_____

_____

_____

_____

_____

_____

_____

_____

★ 잠시 머무름

첫 번째 여정부터 마지막 열 번째 여정에 이르기까지 100가지 질문에 답하면서 내면에 일어난 역동들을 천천히 생각해 봅니다.

내 삶의 모양을 결정하고, 내 삶의 근간을 이루는 이야기를 구성한 것은 누구입니까? 또, 내가 누구인지를 규정하고 내 삶의 방향을 이끄는 것은 누구입니까?

인생이란, 온통 개인적 선택과 결정의 연속임을 깨닫습니다. 지난 시간 내가 살아온 삶에 대한 책임은 나에게 있습니다. 고집스럽게 집착했던 낡은 지도를 버리고, 새롭게 써 내려간 나만의 지도를 가지고 인생의 바다에 다시 한번 뛰어듭니다.

이제 당신은 어디든 갈 수 있습니다.
새 지도의 주인으로서 힘차게 걸음을 내딛는 당신을 뜨겁게 응원합니다.

내 인생의 핵심어

고백해(GO,100해) 10가지 여정, 100개의 질문에 답하는 동안 가장 많이 등장한 단어와 감정들을 찾아봅니다. 아래에 제시된 예시 가운데에 있을 수도 있고, 그 밖에 나만의 특별한 단어와 감정일 수도 있습니다. 단어 또는 짧은 문장으로 정리해 봅니다.

예시)

사랑 신념 목적 목표 성취 모험 진정성 진실 소속감 희생 봉사 헌신 연민
역량 양심 용기 추진력 공감 성실 끈기 평화 평등 가족 친구 경제적안정 돈
용서 자유 나눔 감사 성장 건강 도움 겸손 독립성 혁신 정의 공정 지식 지혜
리더십 공부 믿음 변화 스승 기회 협력 연대 환대 인내 개인 조직 영성
깨달음 성찰 즐거움 성공 인정 관계 책임감 죄책감 안전 보답 은혜 은총
기도 기적 힘 팀워크 시너지 관용 전통 여행 선택 공동체

내 인생의 핵심 감정

고백해(GO,100해) 10가지 여정, 100개의 질문에 답하는 동안 가장 많이 등장한 단어와 감정들을 찾아봅니다. 아래에 제시된 예시 가운데에 있을 수도 있고, 그 밖에 나만의 특별한 단어와 감정일 수도 있습니다. 단어 또는 짧은 문장으로 정리해 봅니다.

예시)

> 고통 기쁨 고요 감격 간절 공허 격앙 걱정 무기력 경멸 만족 느긋 감동 겁
> 귀찮음 긴장 상심 끔찍 미안 반가움 담담함 경이로움 궁금함 그리움 난감
> 떨림 서글픔 민망 보람 든든함 고마움 기대 답답 두려움 망설임 놀람
> 서러움 미움 부끄러움 뿌듯함 안락함 다정함 서운함 비참 상쾌 안심 뭉클
> 두근거림 유쾌 불쾌 무서움 슬픔 억울 신남 여유 벅참 외로움 따뜻함 실망
> 조급 측은함 아쉬움 절망 후회 후련 흥분 절실 허전 황홀 평온 심란 원망
> 짜증 위축 증오 화 혼란 초조 황당 우울 혐오 즐거움 흐뭇함 홀가분 충만함
> 애틋함 설레임

참고 안내

고백해 여정을 모두 마친 후, 구체적인 기록 분석이나 개인 상담 등의 추가 작업을
원할 때에는 〈한국영성심리분석상담학회〉에 문의해 주시기 바랍니다.

https://metaspiritus.com
metaspiritus@gmail.com